qui ne

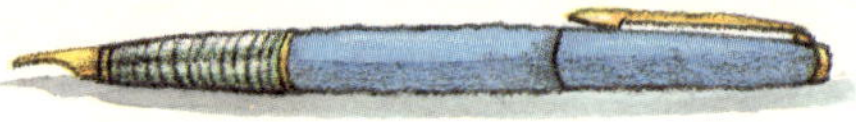

**Laurence Tichit** est née en 1971 à Mende. Après des études à Montpellier, elle s'installe à Carcassonne, où elle passe désormais la majeure partie de son temps à écrire. Depuis plusieurs années, elle écrit des histoires pour les petits, qui sont publiés par Milan, Fleurus, Hachette et Bayard Presse.

**Pascale Claude-Lafontaine** est née en 1928 à Paris. Elle a travaillé plusieurs années dans l'édition, mais son activité principale a toujours été l'écriture et l'illustration pour la presse et l'édition enfantine. Ses ouvrages sont publiés aux éditions Albin Michel, Nathan, Milan, Lito, Tisné et Bayard.


ISBN 2.227.72847.7

# La souris qui ne savait pas dire non

Une histoire écrite par Laurence Tichit
illustrée par Pascale Claude-Lafontaine

*Deuxième édition*

BAYARD POCHE

Amélie la souris habitait
derrière une grande armoire.

Chaque matin,
elle se levait de très bonne heure,
elle prenait son sac, son panier,
elle fermait sa porte à clé,
et elle allait faire son marché...
dans l'armoire !

Bien sûr, c'était une armoire ordinaire,
mais tellement agréable
pour une souris !
Amélie passait et repassait
dans tous les coins.

Et elle se disait :
– Avec ce bout de laine, je me tricoterai
un chandail pour l'hiver !
Trois centimètres de soie,
c'est bien assez pour une jupe d'été !
Amélie la souris
était très forte en couture.
C'était même la meilleure couturière*
de toutes les souris du quartier.

* Ce mot est expliqué page 46, n° 1.

FAR

Ensuite, Amélie grimpait
dans le placard.
Bien sûr, c'était un placard ordinaire,
mais tellement précieux
pour une souris !
Amélie tournait et retournait
dans tous les coins, et elle se disait :
– Une écorce d'orange*,
une pincée* de farine,
quelques grains de sucre,
voilà un délicieux gâteau !

* Ces mots sont expliqués page 46, n° 2, et page 47, n° 3.

Amélie la souris
était très forte en pâtisserie.
C'était même la meilleure pâtissière
de toutes les souris du quartier.
Oui, Amélie la souris était coquette*,

* Ce mot est expliqué page 47, n° 4.

elle était gourmande,
et toujours gaie, gaie, gaie.
Seulement voilà,
Amélie la souris
ne savait pas dire non !

Ce jour-là,
Amélie n'est pas plus tôt
rentrée du marché
qu'on frappe à sa porte.
Une voix dit :
– C'est moi, Bruno le souriceau !

Amélie répond :
– Entre, je t'en prie.
Alors Bruno commence à raconter :
– Ma sœur est formidable !
Hier, elle a fait peur au chat,
et blablabla, et blablabla...
J'ai promis de lui faire un gâteau,
mais, voilà, je n'ai pas de farine.
Peux-tu m'en prêter ?
Alors Amélie dit :
– Oui.

Cinq minutes après,
on frappe à nouveau,
et une voix dit :
– C'est moi, Juliette la souricette.

Amélie répond :
– Entre, je t'en prie.
Alors Juliette commence à raconter :
– Ma cousine est adorable !
Elle m'a appris une chanson,
et blablabla, et blablabla...
J'ai promis de lui faire une robe,
mais, voilà, je n'ai pas de tissu.
Peux-tu m'en prêter ?
Alors Amélie dit :
– Oui.

Tout de suite après,
on frappe encore, et une voix dit :
– C'est moi, Gaston le raton.

Amélie répond :
– Entre, je t'en prie.
Alors Gaston commence à raconter :
– Mon oncle est fantastique !
Il arrive demain
par la première poubelle,
et blablabla, et blablabla...
Je dois tout nettoyer chez moi,
mais, voilà,
je n'ai pas de balai.
Peux-tu m'en prêter un ?
Alors Amélie dit :
– Oui.

Et jusqu'au soir, Amélie prête...

son rouleau à pâtisserie,

son aspirateur,

ses ciseaux,

son vase à fleurs.

Amélie la souris
est très gentille.
C'est même la plus gentille
de toutes les souris du quartier.

Seulement, ce soir-là,
quand elle veut faire un gâteau,
elle est bien embêtée :
elle a prêté son rouleau et sa farine.
Quand elle veut se coudre une jupe,
elle est bien embêtée :
elle a prêté son tissu et ses ciseaux.
Et quand elle veut faire son ménage,
elle est bien embêtée :
elle a prêté son aspirateur et son balai.

Amélie la souris n'a plus
qu'à aller se coucher.
Et puis, pendant la nuit,
il lui vient une idée.

Le lendemain matin,
elle colle sur sa porte une pancarte :
« Ce soir, grand repas chez moi.
Vous êtes tous invités ! »

CE SOIR,
GRAND REPAS CHEZ MOI.
VOUS ÊTES
TOUS INVITÉS.

Les souris du quartier sont enchantées.
Bruno le souriceau se dit :
« Il y aura des gâteaux ! J'irai ! »
Juliette la souricette se dit :
« Amélie aura de nouveaux habits !
J'irai ! »
Gaston le raton se dit :
« La maison d'Amélie est toujours
si propre et si bien rangée ! J'irai ! »
Le soir venu,
Amélie accueille ses invités.

CE SOIR,
GRAND REPAS CHEZ MOI.
VOUS ÊTES
TOUS INVITÉS.

Mais que se passe-t-il ?
La maison n'est pas balayée,
Amélie n'est pas habillée,
et il n'y a rien à manger !
Tous les trois s'écrient :
– Amélie, que se passe-t-il ?
Toi qui es si bonne pâtissière !
Toi qui es si bonne couturière !
Toi qui es si bonne ménagère !
Amélie explique :
– Je voulais vous faire un gâteau,
mais comment faire,
sans farine ni rouleau ?
Je voulais me coudre
une nouvelle jupe,
mais comment faire,
sans tissu ni ciseaux ?
Je voulais faire le ménage à fond,
mais comment faire,
sans aspirateur ni balai ?
Je vous ai tout prêté !

Bruno le souriceau,
Juliette la souricette
et Gaston le raton
lui disent :
– Mais, Amélie,
si tu en avais besoin,
il ne fallait pas dire oui !

Alors Amélie s'écrie :
– Nom de nom, vous avez raison !
Puis elle ajoute en souriant :
– Mais faites bien attention,
parce que, à partir de maintenant,
je crois que je saurai dire NON !

P.C.L.

# LES MOTS DE L'HISTOIRE

1. Une **couturière** est une dame qui a pour métier de coudre. Elle fabrique des vêtements, des rideaux, des coussins...

2. Une **écorce d'orange,** c'est la peau dure qui entoure l'orange. Elle sent si bon qu'on en met des petits morceaux dans les gâteaux.

3. Une **pincée,** c'est la petite quantité de grains ou de poudre que l'on peut tenir entre son pouce et son index, en la pinçant.

4. On dit qu'une fille ou une dame est **coquette,** quand elle aime bien se faire jolie en s'habillant, en se coiffant ou en portant des bijoux.

Achevé d'imprimer en Décembre 2000 par OBERTHUR Graphique
35000 RENNES - N° 3466
Dépôt légal : Janvier 2000 - N° Editeur : 6480
Imprimé en France